Oh – dieser Kater

von

Klaus Günther

TWENTYSIX – Der Self-Publishing-Verlag
Eine Kooperation zwischen der Verlagsgruppe Random House und
BoD – Books on Demand

2016 Klaus Günther

Herstellung und Verlag:
BoD – Books on Demand, Norderstedt

ISBN – 9783740710132

Inhalt

Die Made	9
Am Rande einer Lichtung	10
Der Hefekuchen	11
Lebensglück	12
Die Sau	13
Am nächsten Morgen	14
Angst	15
Am See	16
Am FKK-Strand	17
Der Frosch	18
Die Sklaven der Roboter	19
Das Dorfgericht	20
Mein Freund der Stier	21
Hallig	22
Voller Gier	23
„Der geglückte Versuch" oder „Jeder ist sich selbst der Nächste"	24
Wer wird Millionär	25
Nur ein Affe bloß	26
Hab Dank	27
Morgentau	28
Die Rache	29
Gemeinsam dem Herbst entgegen	31
Reif zur Liebe	32
Die Schnecke und der Elefant	33
Paradies der Affen	34
Der Kater	35
Die Kuh	36
Zärtliche Gefühle	37
Der Bücherwurm	38
Die Pfeifen	39
Bedenke	40
Routine	41
Neandertaler	42
Die neue Generation	43
Hinter Gitter	51
Elixier	52
Meine Fee	53
Tsunami	54
Hab kein Bock	55

Die Dünne und die Dicke......56
Steh am Fenster......58
Mein Stuhl......59
Verlorene Eier......60
„Nein" zum Brei......61
Warum ?......62
Ihre Augen......63
Appell an die Vernunft......64
Rechtfertigung......65
Weiße Pracht......66
Das Altersheim für Kühe......67
Zauber der Natur......68
Als sei es nie gewesen......69
Das Hundekörbchen......70
Dichten......71
Dumme Gänse......72
Die Erderwärmung......73
Begegnung auf der Dorfstraße 1980......74
Fernseh-Abend zu zweit......75
Schneeglöckchen......76
Das Moratorium......77
Alles unter Kontrolle......78
Jahrhundertflut......79
Neugier......80
Bildbetrachtung......81
Tierliebe......82
Der Spürsinn-ihre Rettung......83
Sammelleidenschaft......84
Ich, eine „Dumme Gans" ?......85
Die Eintagsfliege......86
Die Frau am Tresen......87

Die Made

Der Apfel fiel vom Baume,
gerade als ich ihn pflücken wollte.
Brauchte ihn nur noch aufzuheben
mit seinem roten Bäckchen.
Dem einen, der mir vor die Füße fiel,
konnte ich nicht widerstehen,
nahm ihn und wollte beißen in den selben.
Gerade, als ich ihn mir in den Mund wollt schieben
war mir der Appetit vergangen,
als eine dicke fette Made kroch aus dem selben
als wollte sie sagen,
ätsch, ich war schneller.

Am Rande einer Lichtung

Am Rande einer Lichtung sah ich sie,
so wie Gott sie erschaffen hatte.
Als sie mich entdeckte,
wünschte ich, ich wäre ihr Gatte.

Verängstigt sprang sie hoch in ihrer Blöße
und versuchte zu bedecken diese.
Allmählich beruhigte sie sich wieder
und legte sich nieder in die Wiese.

Wie es nicht anders nun konnte sein
trafen wir uns auf dieser Wiese
viele male wieder,
denn unsere Körper schrien nach dieser.

Der Hefekuchen

Warum, so dachte sich ein Junggeselle,
musste er Kuchen kaufen
und noch viel Geld dafür bezahlen.
Könnt doch selbst mal das Backen versuchen.
Noch heute wollte er backen,
beweisen, dass er es konnte.
Brauchte nicht lange zu suchen und fand ein Rezept
für einen Hefekuchen, sogar mit Bild.
Die Zutaten, sie waren aufs Gramm genau schon vorgegeben.
Er vermischte alles, wie`s beschrieben war
und gab den Teig in eine Schüssel.
Konnt` nicht glauben, was dann zu lesen war:.
„Nun lassen sie den Teig gehen".
Lesen konnt` er das Rezept nicht zu Ende,
die Enttäuschung war zu groß.
Murmelte nur noch vor sich hin,
soll er doch gehen , egal wohin.

*_Lebensglück_*

Das Leben schlug für mich allein
in all den Jahren der Einsamkeit,
wusste noch nichts von deinem Sein
und von all deiner Zärtlichkeit.

Ausgelebt schien mir mein Leben
bis du unverhofft und für immer
alles versprachst zu geben
und dass du mich verließest nimmer.

Dein Vertrauen war unser Glück
das ich schon vergeblich hab gesucht.
Gefunden war mein Lebensglück
und gestillt die unbekannte Sucht.

Die Sau

Was musste ich sehen,
ein Schwein, gebraten schon,
rannte, wie konnte es noch gehen,
direkt auf mich zu.

Welch ein Glück,
ich konnte es nicht fassen.
Eine Sau, in einem Stück,
mit einem Messer im Genick.

Das Messer , welches ich der Sau entzogen,
hatte ich in der Hand und wollte ein Stück mir schneiden.
Die Decke wurde mir weggezogen,
leider, leider, ich träumte nur.

Am nächsten Morgen

Beharrlich stand am Wegesrand
ein schönes Mädchen nachts allein.
Zu jedem hob sie hoch die Hand,
ihr wollte ja nur geholfen sein.

Wurde öfters schon gesehen
wie sie so stand am Wegesrand.
Sie wollt, es musste heute geschehen,
was ein mancher auch sogleich verstand.

Ein Jüngling kam zu helfen schnell
und fand den Wunsch auch gleich heraus.
Geholfen wurde ihr auf der Stell,
was konnt man machen mehr daraus.

Als er sie am nächsten Morgen
aus ihrem Traum wach geküsst
waren sie sich darüber einig,
dass es immer so bleiben müsst.

Angst

Allein, das Haus war leer
und das noch abends, es wurde dunkel schon.
Schloss mich ein, was konnte ich mehr,
eine Decke, die da lag, zog ich über`n Kopfe mir.

Den Fernseher hatte ich abgestellt
und horchte auf jedes Geräusch.
Hätte ich nur jemanden bestellt,
der mir meine Angst genommen hätt`.

Als dann meine Frau am Abend kam zurück
hat sie nur gesagt, jetzt sei ich ganz verrückt.

Am See

Ich sah sie in der Sonne liegen
ich legte mich neben sie.
In Gedanken versunken dachte ich,
diese Frau bekommst du nie.

Ihre Augen, klar und doch so traurig.
Wollte Urlaub machen, sich erholen hier,
alles vergessen, was gewesen,
das erzählte sie mir.

Hatte im Leben wenig Glück.
Ihr Mann schlug, war böse und trank.
Sie war immer nur für andere da,
kein Wunder, ihre Seele, sie war krank.

Nun suchte sie hier am See
ein wenig Liebe und Geborgenheit.
Ich versprach ihr noch am gleichen Tag,
falls sie es mag, dies für die Ewigkeit.

Am FKK - Strand

Ein Mädchen, schon mehr Frau,
kam am Strand mir entgegen.
Unsere Blicke, sie trafen sich, mir wurde ganz flau,
auch weil ich nackend stand gegenüber einer Frau.

Konnte mir nicht erklären meine Röte,
denn alle liefen nackt herum.
Versuchte noch zu verstecken meine Blöße.
Sie lachte nur und war nicht böse.

Sagte lächelnd nur - sie hätte mich am Strand
schon des öfteren so gesehen.
Wollte mich schon seit Tagen fragen
ob ich sie in meiner Burg könnt ertragen.

Was sollt ich dagegen haben, hab ich gesagt,
so bauten wir zusammen
eine Burg in den Dünen, versteckt, allein,
nur für uns, es konnte nicht schöner sein.

Der Frosch

Ein Weibchen, das am Teiches Rande saß,
sah gegenüber ein Männchen auf einem Stein.
Quakte diesem die liebsten Töne zu,
wollte nicht alleine sein.

Nicht weit, in seinem Nest, saß ein Storch
und wusste, jetzt war seine Chance gekommen,
den Angebeteten zu greifen,
noch bevor er bei ihr angekommen.

Blind vor Glück
wollte er schnell zu dieser Frau
über den Teich,
seine Beine waren ganz flau.

Er hüpfte von Stein zu Stein, auch mal ins Wasser.
Die Gefahr von oben, die sah er nicht,
sah nur noch sein Glück am Teiches Rand,
wie sie zärtlich mit ihm spricht.

Sie am Rand des Teiches, wie erstarrt,
sah den Storch von oben kommen.
Konnte nicht glauben,
dass der Storch ihren Mann hat genommen.

Nun mußte sie wieder quaken Tag und Nacht
und hoffen auf ein neues Glück.

Die Sklaven der Roboter

Fern, auf einer einsamen Insel,
bewegt man sich auf dünnem Eis.
In einem Labor soll möglichst schnell
entstehen Neues, vom Kind bis zum Greis.

Nur ein Ziel vor Augen,
es sollen reproduzierende Wesen entstehen.
Selbstdenkende, in menschlicher Gestalt,
Roboter, die so noch niemand hat gesehen.

Außer acht gelassen werden Bedenken der Gefahren,
dass sie uns dann ebenbürtig sind.
Haben, wie wir, zum Denken ein Gehirn
und können, wie ein Kind, lernen geschwind.

Roboter, eine billige Arbeitskraft, ohne wenn und aber.
Außer acht gelassen wurde hier:,
sie werden sein die „neue Generation"
und nicht als Sklaven arbeiten, so wie wir.

Wenn sie erst einmal begreifen,
dass sie nur als Sklaven hier auf Erden sind,
könnt es eines Tages heißen:,
Die Menschheit, „die Sklaven der Roboter", war blind.

Das Dorfgericht

Nach einem Sketch

Eine Frau, Namens Anna,
wollte rechen das Gras auf ihrer Wiesen.
Hörte nicht kommen, einen von hinten
und ehe sie ihn gewahr, wurde sie vergewaltigt von diesem.

Anna hatte nicht erkannt den Täter,
nur an dem Duft, einem sonderbaren,
und an die Gummistiefel konnte sie sich erinnern,
war nur entsetzt von diesem hinterhältigen Gebaren.

Weil sie ein Kind gebar von diesem,
wurde einberufen das Dorfgericht.
Zwei Angeklagte mit Gummistiefeln saßen vor dem Richter,
dieser hoffte, dass einer sein Schweigen bricht.

Die beiden Angeklagten saßen und beschimpften sich
und meinten, nur der andere müsst`s gewesen sein.
Ja, bis Anna an des Richters Tische
diesen sonderbaren Dufte roch, was für eine Pein.

Es war der Duft der aus der Dose kam, die da lag,
den Anna in der Nase mit sich trug.

Mein Freund, der Stier

In einem Gehege irgendwo
fand ich meinesgleichen,
einen Bullen im besten Mannesalter.
Wir wurden Freunde wie selten desgleichen.

Jeden Tag, ich konnte es sehen,
fehlten einige Tiere. Die Stärksten
wurden getrieben aus dem Gehege.
Wer würden wohl sein die Nächsten?

Eines Tages, es gab keinen Zweifel,
wurde mein Freund als letzter auserkoren.
Verzweifelt sprang ich über den Zaun mit einem Satz,
glaubte, ohne ihn wäre ich verloren.

Durch enge Gassen rasend schnell getrieben,
gefährlich für Menschen, mich und meine Artgenossen,
ging es schon hier ums nackte Überleben.
Hätte ich meine Freiheit ein wenig noch genossen.

Es zerriss mir bald mein Herz
als ich meinen Freund in der Stierkampfarena sah.
Hatte keine Chance gegen Spieße und Degen.
Bitte glaubt mir, ich war einer Ohnmacht nah.

Euch kann ich dies nur berichten, liebe Leute,
weil man mir das Leben hat geschenkt, nochmals heute.
Mensch, warum lässt du das Morden zu?
Wir Tiere hängen am Leben auch, so wie du.

Hallig

Ein Häuschen auf einem Hügel
umgeben von Wasser nur.
Sei es hier auch noch so schön,
auf der Hallig muss man leben mit der Natur.

Kennen weder Stress,
noch Hass auf den Nachbarn nebenan.
Allein was zählt auf diesem Fleckchen Erde
weiß jeder und muss sich halten daran.

Auf einer Hallig muss jeder jedem helfen so wie er kann.
Hier geht's ums Überleben, nicht um Reichtum oder Macht.
Sind alle Arbeiten gemeinsam dann vollbracht
kann man die Natur genießen in voller Pracht.

Voller Gier

Ein Mädchen in meiner Klasse
konnte kein Auge von mir lassen.
Sagte, als wir uns näher kamen,
sie könnte mich nicht vergessen.

Niemand konnte uns trennen,
wir hatten geschworen ewige Freundschaft.
Einer war für den anderen da,
das gab uns Mut und Kraft.

Wir prügelten uns für den anderen
wenn es nötig war.
Leider waren wir recht schüchtern noch,
sonst könnte man glauben, wir wären ein Paar.

Die schöne Zeit, die wir verlebten,
sie konnte nicht zu Ende sein.
Jetzt wollte mich mein Mädchen sehen,
sie wäre genau wie ich allein.

Fragte mich, ob ich sie noch mag
und ob sie mich mal könnt besuchen.
Bejahte beides,
und lud sie ein zu Kaffee und Kuchen.

Nach langer Zeit, ich kann es kaum glauben,
kommt mein Mädchen zu mir.
Kann ihr Kommen kaum erwarten
und wünschte mir, dass sie bliebe für immer hier.

Sie war noch schöner,
musste mich setzen, mir schlotterten die Knie.
Ihre Augen, sie glänzten voller Gier,
was dann geschah, vergesse ich nie.

Sie nahm ohne zu fragen
sich das schönste im Leben.
Ich hatte nichts dagegen,
wollte ihr schon längst all das geben.

„Der geglückte Versuch" oder

„Jeder ist sich selbst der Nächste"
Begebenheit vor der Wende

Diese Woche war wieder einmal für mich gelaufen. Es war Freitag. Kurz vor meinem Haus wurde ich von einem sehr glücklichen Urlauber überholt. An seiner rechten Hand trug er ein sorgfältig zusammengeschnürtes Paket. Sein freundlicher Gruß passte zu seinem Gesichtsausdruck. Unser allwöchentlicher Skatabend, so glaubte ich, müsse ins Wasser fallen, denn es fehlten zwei Mann, die übers Wochenende am Bau eines Bungalows mithelfen sollten. So tranken wir Bier und erzählten uns gegenseitig die neusten Witze und hofften anderseits auf einen dritten Mann. Und wirklich saß nach einiger Zeit der gesuchte an unserem Tisch. Es war der Glückliche von heute Nachmittag.
Es war schon später Abend. Jeder gab sein Bestes, sei es im Alkoholverzehr als auch beim Erzählen von Witzen. Gerade wollte ich unseren Gast fragen, was ihn heute Nachmittag so fröhlich gestimmt habe, bat er abermals um Aufmerksamkeit.
„Als ich heute vor eurem Dorfkonsum stand, fiel mir plötzlich ein, ich könnte eigentlich nach einer Bohrmaschine fragen. Die Kundin vor mir wurde gerade abkassiert, dann war ich an der Reihe."
Zwischendurch trank er von seinem Bier, dann fuhr er fort.
„ Erst wollte ich nicht so raus mit der Sprache, aber wie es meine sonderbare Art nun einmal so ist, machte ich mir einen Spaß daraus und flüsterte der jungen Verkäuferin ganz leise ins Ohr. Wie wäre es wohl mit einer neuen Bohrmaschine, die eine Hälfte würde ich in bar, die andere Hälfte in anderem Papier bezahlen.
Die Verkäuferin schaute mich mit großen Augen sonderbar an. War ich soweit gegangen? Hatte ich etwa ins Fettnäpfchen getreten? Erst als es heraus war, machte ich mir Gedanken über das Gesagte, das mit der anderen Hälfte. Einesteils hatte ich mich ja wiederum klar ausgedrückt. Die andere Hälfte musste ich, wenn ich eine bekäme, wirklich mit anderem Papier bezahlen, nämlich mit einem Scheck.
Wie schon oben gesagt, schaute mich die junge Verkäuferin mit großen Augen an und sagte „Halb und Halb"?
Als ich aber nicht gleich geantwortet habe, bückte sie sich und brachte unterm Ladentisch ein fein säuberlich verpacktes Paket hervor und legte es vor mir auf den Tisch. Sie sagte den Preis und ich zählte die Hälfte in bar auf den Tisch, steckte meinen Geldbeutel wieder ein und brachte gleichzeitig mein Scheck-Heft hervor.
In diesem Augenblick begriff ich erst, was ich gesagt hatte bzw. was sie meinte, dies konnte ich deutlich an ihren Augen ablesen. Ich aber ließ mich bei meiner Arbeit nicht stören, legte den sorgfältig ausgefüllten Scheck auf den Tisch und verabschiedete mich ganz höflich."

Wer wird Millionär

Wer will nicht Millionär mal werden
in der Sendung bei Günther Jauch?
Bestimmt sagen jetzt viele,
ich auch.

Zuhause sitzend in der Sofaecke
denkt man, die Fragen sind gar nicht so schwer.
Mit einer Flasche Bier in der Hand,
hätt ich schon gewusst viel mehr.

Wie es nun im Leben einmal ist,
saß er nicht zu Hause und trank sein Bier.
Er saß auf dem Stuhl, allein auf sich gestellt,
nur das Geld im Visier.

Als er bei Günther Jauch nun saß
war `s ihm nicht mehr so einerlei zu mute.
Warum hat ihm seine Frau das angetan,
anstatt es einmal selbst zu versuchen, die Gute.

Die Fragen wurden immer schwerer.
Wie gerne säße er zu Hause bei einem Bier.
Jetzt wünschte er sich sehnlichst,
es säße ein anderer anstelle seiner hier.

*_Nur ein Affe bloß_*

Ein Äffchen, das hinter Gitter saß,
schaute traurig durch die Stäbe.
Dachte, wie schön wäre es,
wenn es sie nicht gäbe.

Die Sehnsucht nach der Freiheit
ließ es nicht mehr los.
Die Menschen, die es eingesperrt,
dachten, es ist ja nur ein Affe bloß.

Tag ein, Tag aus nur das eine,
fressen, schlafen und begafft zu werden.
Wenn ihr statt meiner wäret,
würdet ihr das gut befinden?

Hab Dank

Hab Dank für Deine Liebe,
die immer ich verspür.
Tag für Tag werden wir uns lieben,
dafür hab ich ein Gespür.

Du schenktest mir Deine Liebe
und gabst mir Halt und Kraft.
Zusammen sind wir stark,
haben so manches schon geschafft.

Ich werde treu Dir bleiben,
dies liegt in meiner Macht,
dich niemals zu betrügen
nicht am Tag und nicht bei Nacht.

Morgentau

Ein Spinnennetz am Waldes Rand
hing schwer beladen an Grases Halmen.
Aus Dunst gefrorene Perlen
spiegelten sich in der frühen Morgensonne,
man konnte glauben, es sei ausgelegt
ein Teppich aus weißer Watte.
Schade nur, dass des Daseins Dauer nicht lange währt
und was die Natur hervorgebracht,
auch wieder zunichte macht.
Schon am nächsten Morgen,
mit viel Glück,
ist dies wieder zu bestaunen.

Die Rache

Wenn meine Freundin Anni und ich in den Urlaub fahren, dann gibt es für uns nur die Landstraße. Per Anhalter haben wir bisher unsere Ziele immer erreicht. Leider mussten wir das Fahrzeug auf einer Strecke häufig wechseln, so auch heute. Kaum standen wir mit unseren schweren Koffern auf der Zufahrtsstraße zu unserem diesjährigen schön gelegenen Gebirgsdörfchen, musste Anni schon wieder den Arm heben und wirklich, wie es unser Schicksal wollte, tappten wir voll in ein unvergessliches Abenteuer.
Ich muss, um das Nachfolgende besser verstehen zu können, noch sagen, dass wir zwei junge Mädchen, zu allem Unfug aufgelegt, waren und noch sind, insbesondere, wenn es galt, uns gegenseitig einen Streich zu spielen. Hinterher gab es kein Nachtragen darüber, weil es uns einfach Spaß machte und die Freundschaft auffrischte.
An einem Abend lud mich Werner, den ich mir auserwählt hatte, zu einem Hundeessen ein. Ich schrie laut auf und war gerade dabei, Werner mitten auf dem Tanzsaal stehen zu lassen, als mir plötzlich eine Idee kam und schritt lächelnd auf Werner zu. „Ist das wirklich wahr, du lädst uns zu einem Hundeessen ein? Bitte entschuldige mein dummes Benehmen, aber in unserer Gegend werden Hunde nur eingeschläfert und begraben."
„Also abgemacht, ich werde es gleich Roland sagen, damit er es Anni auf eine zärtlichere Weise unterbreitet." „Aber nein, auf gar keinen Fall darf Anni erfahren, dass es ein Hund ist, sonst..."
„Was sonst?"
„Na, was sonst? Wenn du ein klein wenig nachdenken würdest, wüsstest du es auch so."
„Du meinst, ihr esst alle beide keinen Hund?"
„So ist es!".
In Werners Gehirn arbeitet es, dass er glaubte, gehört zu werden. Keineswegs war er auf den Kopf gefallen und schon war ein Plan gereift.
„Wollen wir deine Freundin Hund essen lassen, ohne dass sie es mitbekommt?"
„Woher kannst du Gedanken lesen? Denselben Vorschlag wollte ich dir unterbreiten. Ich bin einverstanden, aber wie willst du es anstellen?"
„Ich hätte gedacht, für dich, da du ja keinen Hundebraten magst, braten wir extra ein Stück Fleisch, das du auch selbst beim Fleischer kaufen kannst. Natürlich darf Anni von diesem Kauf nichts merken. Das musst du gleich morgen früh erledigen. Etwas später würdet ihr dann gemeinsam mit mir Fleisch einkaufen, das ich erst mitbringen und der Verkäuferin übergeben muss. Dieses ist dann ein Stück Hundefleisch. Wie du es anstellst, dass das Fleisch vertauscht wird, bleibt deiner Intelligenz überlassen."
Ich hatte es geschafft. Noch bevor Anni erwachte, war mir mein Braten sicher. Also weckte ich Anni und wir warteten auf Werners Erscheinen. Abends gab es dann Thüringer Klöße, auch Hütes genannt, dazu standen zwei riesige Bratpfannen mit dem, ich gebe zu, etwas nach Knoblauch riechenden und schön aussehenden Braten auf dem Tisch. Dazu gab es Bier vom Fass.

Wie konnten wir uns nur in so rohe Menschen verlieben, die es fertig brachten, sich so einer Tat hinzugeben, wenn ich noch dazu bedenke, dass Werners Vater Bürgermeister ist. Eigentlich hätte ich diesen Spaß nicht mitmachen sollen. Ich beobachtete meine Freundin, wie ihr das angebliche Kalbfleisch schmeckte. Am liebsten hätte ich es ihr gesagt, ihr den Teller weggenommen und ein Stück von meinem schönen in Rahm eingelegten und ebenfalls mit Knoblauchsaft bespritzten Kalbfleisch gegeben. Nach dem Essen gab es noch einen kräftigen Schnaps zur Verdauung. Getanzt wurde unter freiem Himmel bis spät in die Nacht hinein. Schon krähten die Hähne, das hieß für uns, noch ein wenig versäumten Schlaf nachzuholen. Am anderen Morgen brachten uns unsere Jungs an die F 247, um einen günstigen Ausgangspunkt für unser Trampen zu haben.

Als ein Wartburg anhielt, sagte Roland so ganz nebenbei: „Nun wie hat euch unser Hundebraten geschmeckt?"

Ich sah Anni an, Anni sah mich an und keiner konnte etwas sagen. Meine Freundin überwand als erste den Schreck.

„Es war gar kein..."

„Nein, die Verkäuferin steckte mit uns unter einer Decke und wenn ihr das nächste Mal kommt, dann gibt es bestimmt wieder Hundebraten, nur müsst ihr uns rechtzeitig Bescheid sagen, denn ihr sollt nicht umsonst den weiten Weg machen."

Jetzt erst konnten Roland und Werner nicht mehr an sich halten und lachten aus vollem Halse. Wir glaubten, ihr Lachen noch in Oberhof zu hören. Dann erst konnten meine Freundin und ich ebenfalls über die gelungene Niederlage herzhaft lachen.

Schon wenig später wurden Anni und ich in die fröhliche Gemeinschaft der Dorfbewohner aufgenommen, natürlich, wie es nicht anders sein konnte, als frischgebackene Ehefrauen.

Von der Doppelhochzeit, obwohl diese schon einige Zeit zurückliegt, wird noch viel erzählt, besonders wird von dem sonderbaren nach Knoblauch riechenden Braten gemunkelt, aber nie wurde es öffentlich ausgesprochen.

Gemeinsam dem Herbst entgegen

Für die Jahre, die wir zusammen verbracht,
möchte ich mich bei dir bedanken, recht herzlich.
Jahre, noch viele,
sie werden kommen, sicherlich.

Auch wenn schon Herbst es ist,
ihn musst du nicht verteufeln.
Den sollst du, so gut es geht, genießen
und nicht trauern den guten Tagen hinterher oder gar verzweifeln.

Im Alter, wie es so ist,
zwickts da und dort schon mal.
Was du spürst ist nur der Schmerz,
in der Jugend da war es viel schöner, allemal.

Dann denk immer daran,
du bist nicht allein, wenn ich dir sage:
„Wir gehen gemeinsam dem Herbst entgegen.
Auch dieser hat noch schöne Tage."

Reif zur Liebe

Noch so jung an Jahren
wie wir waren,
wünschten, wir könnten uns schon geben
das Schönste im Leben.

Ihre Augen waren gerichtet auf mich,
konnte sehen, sie schämte sich.
Wir spürten schon lang
diesem sonderbaren Drang.

Jung und unerfahren
war unser Tun noch ohne Gefahren.
Heute wollte jeder erfahren,
wie weit gereift wir zur Liebe waren.

Reif zur Liebe, das waren wir noch nicht,
auf des anderen Körper aber sehr erpicht.
Verlangen nach dem wahren Liebesleben
kommt, das ist nicht übertrieben,
das konnten wir heute schon fühlen.

Die Schnecke und der Elefant

Ein Elefant suchte was zu fressen,
bis er eine Schnecke sah.
Beim Anblick dieser hatte er vor Schreck vergessen
seinen Hunger.

Hatte noch nie so was gesehen,
ein Haus, das man auf dem Rücken trägt.
Hatte Angst, wollte schleunigst gehen,
konnte nicht wissen was noch geschieht.

Die Schnecke aber sprach, bleib stehen,
ich tu dir nichts.
Wollt gerne ohne Hause gehen,
doch dann hätte niemand Angst vor mir.

Paradies der Affen

Die Affen
wussten noch nichts
von Dein und Mein.
Von Macht und Reichtum
ganz zu schweigen.
So war die Welt,
in der sie lebten,
noch ein Paradies.
Der Affe,
welcher sich Mensch jetzt schimpft,
hat vieles verändert,
mit Mitteln einer Bombe gleich.
Zerstörte,
was er einst als Affe so geliebt.

Der Kater

Ein Mann konnte nicht ohne Kumpels sein,
die er traf gleich in der Kneipe nebenan.
Tagein, tagaus war er zugegen hier,
brauchte nicht trinken ganz allein.
Hier traf er Kumpels so wie er,
sie kannten nur dies eine Vergnügen.
Spät abends wollt er allein nach Hause,
doch auf der Straße wurde ihm klar,
dass noch ein Kater mit ihm sei,
was für ihn nichts Neues war.
Zu Hause, wie jedes mal,
kam lallend raus, es sei der Kater,
der ihn verführt und ihm gefolgt.
Drum schlug seine Frau gleich zweimal zu.
Der zweite Schlag sollt treffen nur den Kater.

Die Kuh

Nicht nur in Indien, auch im Zillertal bringen müde Kühe
mitunter den Straßenverkehr zum Erliegen.

Zu dieser Stunde ist Mittagsruh
so dachte sich die Kuh.
Wollte halten ihren Mittagsschlaf
und legte sich zur Ruh.

Da die Kuh die Straße blockierte,
liefen zwei Männer ihr entgegen
und belegten die Kuh,
sich schleunigst zu bewegen.

Was blieb ihr am Ende übrig,
um den Tag nicht zu vermiesen,
die Ruh, die sie gesucht,
woanders zu genießen.

Zärtliche Gefühle

Du fragst, ob ich dich liebe,
die Antwort ist nicht schwer,
doch mir kommt es vor, dass jedes Wort von dir
nur die halbe Wahrheit wär.

Oft möchte ich dir zeigen,
wie frei und stark ich bin,
um dein Herz zu stärken,
wenn Tränen aus deinen Augen rinn 'n.

Ich wünsch mir so innig
dass du nur mir gehörst,
mit all deinen Fehlern,
an denen ich mich nicht stör.

Wir sind wie Geschwister,
wie Freunde, die nichts trennt,
dann wünschte ich, du könntest sehen
wie die Sehnsucht in mir brennt.

Der Bücherwurm

Neulich nahm ich mir ein Buch,
das im Regal ganz hinten lag.
Dachte, heute bin ich allein,
kann lesen, ungestört, so lange ich mag.

Beim Blättern traf mich bald der Schlag.
Ein Wurm, der sich gefressen
von hinten durch das Buch,
sah mich an, ganz gelassen.

Ein Bücherwurm so nennt man ihn,
besuchte keine Schule, konnte nicht lesen
und doch hat er Bücher zum fressen gern.
Leider war dies sein letztes Buch gewesen.

Die Pfeifen

Die Pfeifen, die man kaufen kann
sind meistens nur aus Holze bloß.
Bläst man Luft vorn hinein
hören`s alle, jetzt ist was los.

Der Ball, der geschossene,
wäre geradewegs ins Tor geflogen.
Ein Gegenspieler stand, hob seine Hand,
der Ball, keine Chance, ist seitlich nun abgebogen.

Einige Pfeifen, die nun pfiffen,
waren nicht aus Holz, waren nur Pfeifen,
hatten nichts gesehen, geschweige denn, warum gepfiffen ward.
Waren eben nur hier, ohne den Sinn des Pfeifens zu begreifen.

Bedenke

Wenn du eine andere siehst
die dir gefällt,
bedenke,
du kennst sie einen Abend,
mich schon ein Jahr.

Wenn du eine andere siehst
die du magst,
bedenke,
sie küsst dich vielleicht einen Monat,
ich schon ein Jahr.

Wenn du eine andere siehst
die dich hält gefangen,
bedenke,
meine Fehler kennst du,
ihre noch nicht.

Routine

Wolken entluden ihre Fracht.
Ein Regenwurm, so hieß der Wurm,
hörte den Regen, der da kam mit Macht
und wusste, jetzt musste er nach oben.

Ein Vogel, der nutzte seine Gunst,
nur nicht verpassen den guten Happen.
Für ihn war es Routine, keine Kunst,
einen Wurm zu erhaschen.

Neandertaler

Atomraketen stationieren
die Toren des Jahrhunderts
in Neandertal bei Düsseldorf;
Werk intelligenter Wesen,
die Jahrmillionen brauchten,
um niedrigsten Formen der Evolution
zu entsteigen.
Einer hat bereits in der Nähe
des Rheins
eine Höhle bezogen
und eine Steinaxt gefertigt,
fürsorglich
in Erwartung künftiger „Erbfeinde",
die in anderen Höhlen
überleben könnten.

Die neue Generation

Neben meinen eigentlichen Aufgaben fühlte ich mich verpflichtet, jeden „Neuen", der auf die Insel beordert wurde, bei den anfänglichen Schwierigkeiten behilflich zu sein.
Dies hatte ich mir zum Grundsatz gemacht, denn damals, vor einem Jahr, kostete es mir viel Mühe, um nach einiger Zeit sagen zu können, ich fühle mich wie zu Hause, obwohl Ute, meine Studienkollegin mit mir auf die Insel kam. Ute und ich hatten es geschafft, die Auserwählten zu sein. Mittlerweile ging unser Experiment seinem Ende entgegen, aber immer noch wurde in der ganzen Welt über Erfolg oder Misserfolg lebhaft diskutiert.
Wir bekamen, wenn es erforderlich wurde, einen oder mehrere Mitarbeiter. Heute war es wieder einmal so weit. Am Hafen angekommen, verbrachten Ute und ich die Zeit, uns Gedanken über den „Neuen" zu machen.
Endlich legte das Schiff an. Wie jedes Mal enthielt es einige wichtige Güter, wie Apparate für Forschungszwecke, Nahrung für eine Woche u.a.m. Mitten unter dem Wirrwarr von Kisten tauchte ein gutgekleideter Mann auf. Mit einem Händedruck begrüßten wir uns.
„Es freut uns außerordentlich, Sie im Namen aller Mitarbeiter begrüßen zu dürfen. Mein Name ist Erwin."
„Zu mir dürfen Sie Luca sagen."
„Darf ich Ute vorstellen, die mit mir damals auf die Insel kam und..."
So erfuhr Luca außerdem von einer unzertrennlichen Freundschaft zweier Menschen.
Luca hatte seine Professur auf dem Gebiet „Gehirntransplantation" mit Auszeichnung bestanden. Nun musste er beweisen, was er gelernt hatte. In einem sterilen gekühlten Raum lag ein Körper. Beim flüchtigen Hinsehen konnte man glauben, dass dort ein Mensch lag. Zum Teil war es auch richtig.
Der Körper aus weichem elastischem Material, eine Art Gewebe. Außer einem Loch im Kopf konnte man keine Schnitte, Nähte oder Narben erkennen, die darauf zurückzuführen waren, dass in diesem Körper sämtliche Organe vom Menschen verpflanzt worden sind. Das schwierigste war dabei, dass die Arbeiten unter starken Minusgraden erfolgen mussten.
Luca betrachtete den starren Körper. Es war einmalig in der Wissenschaft. Er hatte Angst und wusste nicht wovor. Ausgerechnet er musste nun die letzten Arbeiten an diesem Wunder vollbringen. Nun kam es darauf an, noch einen Unfallspender zu bekommen. Dies konnte aber nicht mehr lange dauern. Es befinden sich ja ein paar Dutzend Kühlwagen auf den Straßen und warteten. Es kommt darauf an, möglichst in kürzester Zeit den Körper zu unterkühlen. Besonders an Krankenhäusern standen diese Wagen. So in Gedanken versunken hörte er mich nicht einmal kommen. Eine merkliche Röte stieg ihm in den Kopf, als ich neben ihm stand.
„Bitte verzeihen Sie, dass ich in Gedanken versunken war. Alle Zeitschriften waren voll von diesem Unternehmen. Auch ich bin sehr davon beeindruckt, wie Sie ja bemerkt haben."
„Sie brauchen sich nicht zu entschuldigen, mir wäre es sicherlich auch so ergangen. Vor einem Jahr, so alt ist dieser Körper, konnte ich bereits die Anfänge miterleben. Ich war bei etlichen Transplantationen mit dabei. Unter uns gesagt, vor diesem Körper habe ich ein wenig Angst. Was wird er tun, wenn..." Wir wurden von einem Roboter unterbrochen, der uns bat, den Raum zu verlassen.
„Bitte kommen Sie hier weg, damit auch dieser Raum desinfiziert werden kann. Sie wissen ja, peinlichste Sauberkeit ist hier oberstes Gebot."
Draußen schien die Sonne. „Wenn Sie nichts vorhaben, schlage ich vor, mit mir etwas für ihre Gesundheit zu tun. Wir wollen den Sonnenschein noch etwas ausnutzen. Ich könnte Ihnen unsere Insel zeigen mit all ihren Schönheiten.

Sobald sich ein Anzeichen dafür ergeben sollte, dass wir gebraucht werden, findet man uns schon."
„Dasselbe wollte ich auch schon vorschlagen. Es tut einem auch einmal gut, sich so richtig zu entspannen."
Gemütlich schlenderten wir die schönen Wege entlang, die von den Robotern gepflegt werden.
„In diese Roboter verpflanzte man bereits einige Organe. Das sind die Vorgänger von „Iwan der Schreckliche". Den von uns auserwählten Namen werden Sie sicherlich schon kennen."
„Gewiss, die Zeitungen plaudern viel darüber und nun bin ich von dem Namen voll überzeugt, wie Sie selbst festgestellt haben. Eigentlich haben wir eine schöne Welt aufgebaut, oder sind Sie anderer Meinung?"
„Keineswegs, die ganze Wissenschaft ist darauf ausgerichtet, unseren Enkeln und Urenkeln das Leben noch angenehmer zu gestalten. Zum Beispiel von dieser Neuentwicklung, wie sie unser Iwan vertreten soll, erhoffen wir uns sehr viel. In den Städten diskutiert man schon sehr lange darüber. An einigen Universitäten ist man gerade dabei, spezielle Ausbildungszentren zu schaffen, an denen diese Roboter für Berufe ausgebildet werden sollen."
„Aber bis jetzt wissen wir ja noch gar nichts, nicht einmal, ob alles so verläuft wie geplant."
„Wie bei allem Neuen, so verbirgt sich auch hier ein Risiko. Das ist eben einmal so, obwohl wir vorher genügend Zeit hatten, alle Risiken auszuschalten. Dabei dachte ich an all die Vorarbeiten, die nötig waren, von Nebensächlichkeiten ganz zu schweigen, wie zum Beispiel von den Arbeitsanzügen. Ohne diese wäre ein Arbeiten bei den Kältegraden unmöglich."
Der Himmel wurde plötzlich grau und Wind kam auf. Wir mussten das letzte Stück bis zur Unterkunft im Dauerlauf zurücklegen.
Als ich von Leo, meinem Privatroboter, geweckt wurde, war es genau 3.30 Uhr und noch sehr dunkel.
„Stehen Sie auf, Erwin, Roboter Nr. 1 meldete soeben einen Hubschrauber. Er soll das gewünschte Transplantat enthalten. Ich werde für Sie inzwischen das Frühstück vorbereiten."
Trotz aller Arbeit und Forschung, so fühlte ich, war, was den Menschen ausmacht, den Mann prägt, nichts in mir verloren gegangen. Dies wurde mir plötzlich bewusst. Seit gestern Abend, als ich erfuhr, Ute sei mit Luca tanzen gegangen, wurde mir plötzlich bewusst, was ich Ute gegenüber versäumt hatte, was man einer Frau schenken musste, wenn man sie liebte.
Ausgerechnet heute war die letzte und ausschlaggebende Transplantation. Dabei übte ich zum Glück nur die Rolle eines Assistenten aus und war nicht verantwortlich über Erfolg oder Misserfolg. Die ganze Nacht hatte ich keinen Schlaf gefunden, da ich über alles mögliche nachdachte. Mir war bereits gestern aufgefallen, dass sich alle Frauen nach Luca umsahen, aber warum hatte er sich ausgerechnet mit Ute angefreundet? Er wusste doch von unserer Freundschaft. Je mehr mir bewusst wurde, was geschehen war, desto größer wurde mein Hass auf ihn. Ich war entschlossen, Luca eins auszuwischen. Man brauchte bloß einen winzigen Fremdkörper an einem bestimmten, sagen wir einem Hauptnervenstrang der Eigenschaften, einzulagern, und schon konnte niemand mit Bestimmtheit sagen, wie sich die Einlagerung bemerkbar machen würde. Einige Versuche hatten dies schon ergeben. Meistens arteten diese Versuche mit Fremdkörpern in einen unberechenbaren geistigen Zustand aus. Es war klar für mich, auf welch großes Risiko ich mich da einlassen wollte. Die Chancen standen nicht gut für mich, unbemerkt diesen Fremdkörper an den Nerv zu legen, schon wegen der Übertragung über den Bildschirm, denn bei der letzten Verpflanzung werden noch etliche Kollegen Augenzeugen sein. In einer Zahnlücke hatte ich ein kleines Haar versteckt. Es würde sich schon eine Möglichkeit ergeben. Ich musste mit einer Art Schweißgerät und einem Skalpell den jeweiligen Körperteil für die Verpflanzung vorbereiten und anschließend wieder dafür Sorge tragen, den Körper in sein früheres Aussehen zurückzuführen.

Eine Tür im Korridor ging auf und Ute stand plötzlich vor mir. Sichtlich verlegen und mit zitternder Stimme sagte sie „Guten Morgen." Anstatt los zu brüllen, so war mir zu
Mute, erwiderte ich nur kühl ihren Gruß. Am Ende des Korridors wurden wir bereits von Luca und 3 unserer Helfer erwartet.
Schon gestern Abend kam mir die Idee mit den Wärmeanzügen. Sie waren so konstruiert, dass alle reden und mithören konnten. Außerdem war eine Unterhaltung auch nur für 2 Personen möglich. Ein dritter konnte sich dann nicht ohne Wissen dieser mit einschalten. Um mein Vorhaben mit dem Haar ausführen zu können, musste ich erst noch einmal Gewissheit haben, denn es könnte viel auf dem Spiel stehen, wenn es herauskommen sollte.
Ich brauchte nur an meinem Anzug einen Schaltkreis umzupolen. Es war eine Arbeit von 5 Minuten, und schon könnte ich das Gespräch der beiden belauschen. Zuvor aber war eine körperliche Säuberung Vorschrift, erst danach legte jeder seinen Wärmeanzug an. Diese waren mit Sauerstoffflaschen bestückt. Schon während der kurzen Zeit der Desinfektion schien es mir, als könnte ich aus ihren Blicken alles lesen. Meine ganze Aufmerksamkeit galt zunächst dem Haar, welches ich nicht verlieren durfte, nachher wäre es ausgeschlossen gewesen, denn woher sollte man noch etwas herbekommen.
Es kostete mich sehr viel Angstschweiß, aber schließlich war es bis hierher doch geschafft. Im Augenblick hatte ich die Gesprächsleitung frei und konnte mich unbemerkt in das Gespräch der beiden einschalten. Als die ersten Worte fielen, war ich enttäuscht und schämte mich für die Anschuldigung. Luca wies Ute in ihren Aufgabenbereich ein. Ich konnte nur die letzten Sätze auffangen.
„...nun gesagt. Eines ist unbedingt Pflicht, Sauberkeit und nochmals Sauberkeit bei den Arbeiten. Was Erwin anbetrifft, so denke ich, er weiß genau, worauf es ankommt. Ihn jedoch nochmals darauf hinzuweisen, ist eben meine Pflicht. Ich wünsche jedenfalls gutes Gelingen. Gibt es noch irgendwelche Fragen?"
Plötzlich wandte sich Ute Luca zu und sagte: „Schade, dass ich Dir beim Transplantieren nicht direkt helfen kann, sondern nur die Instrumente zulangen muss. Wenn Du nichts dagegen hast, werde ich aufs Festland gehen und mich umschulen lassen, dann können wir später gemeinsam arbeiten und ich brauche nicht immer nur die Handlangerdienste zu verrichten. Was machen wir eigentlich heute Abend? Gehen wir wieder tanzen?"
„Wir werden uns nach der Transplantation darüber unterhalten. Ute, ich glaube, Erwin beobachtet uns."
"Ach, was macht es schon, er kann sowieso nichts hören. Jedenfalls wünsche ich Dir bei Deiner Arbeit viel Erfolg."
Jetzt wandte er sich an mich, das hieß, auf Empfang zu gehen. „Erwin, bist Du bereit? Ist alles klar bei Dir?" Ich antwortete nur mit einem Kopfnicken.
Luca schaute noch einmal in die Runde, ob alles bereit war. Iwan lag auf dem Tisch. Das Gehirn brachte man soeben herein. Es stammte von einem jungen Mann, der keine unwürdige Arbeit annehmen wollte und lieber den Tod bevorzugte.
Was konnte mir Schlimmeres passieren. Luca hatte es geschafft, Ute an sich zu fesseln. Was meine Arbeit betrifft, so war ich bemüht, diese möglichst gut zu verrichten, um wenig aufzufallen. Das war ausschlaggebend für das gute Gelingen. Als es soweit war, pochte mir das Herz und ich bildete mir ein, es könnte gehört werden. Noch einmal ging mir das vorangegangene Gespräch durch den Kopf.
Wie von selbst griff mein Instrument nach dem Haar, welches ich mir zurecht gelegt hatte. Der Weg der Armbewegung wollte kein Ende nehmen. Doch schließlich, es kam mir wie eine Ewigkeit vor, lag das Haar an der gewünschten Stelle.

Noch eine letzte Schönheitskorrektur und schon war an dieser Stelle nichts mehr zu sehen. Nach wenigen Stunden würde Iwan aus seinem Kälteschlaf aufwachen. Eine speziell dafür konstruierte Anlage taute den Körper nach genauen Berechnungen stufenlos auf. Dann würden alle das Wunder bestaunen können.
Am Ausgang wartete bereits Leo, mein Privatroboter. Leo und zwei selbst denkende Roboter hatten über den Bildschirm den Verlauf der Transplantation mit verfolgt. In meinem Privatquartier angekommen, sagte plötzlich Leo:
„Warum hast Du das getan? Kannst Du die Folgen verantworten? Ich weiß, dass Luca Dir Ute weggenommen hat, aber trägst Du nicht selbst die Schuld?"
Bei diesen Worten war mir, als schwindet der Boden unter meinen Füßen. Ich suchte irgendwo nach einem Halt. Leo kam mir dabei im letzten Augenblick zu Hilfe. Wie aus weiter Ferne hörte ich Leo fortfahren:
„Als Du den Fremdkörper, ich konnte leider nicht sehen, was es war, in den Körper von Iwan legtest, gingen meine Blicke unwillkürlich in die Runde. Von den Anwesenden hat zum Glück niemand etwas bemerkt. Als Du gestern Abend noch einmal weggingst,, folgte ich Dir unbemerkt und sah alles. Nur deshalb wusste ich, dass Du etwas vorhattest und beobachtete Dich genau, sonst hätte ich wahrscheinlich auch nichts bemerkt."
Erleichtert über diese Feststellung, nicht noch mehr Zeugen zu haben, sollte sich Leo niemals mit anderen darüber unterhalten. Dies war mein vorläufiger Befehl.
Jetzt galt es, nicht nervös zu werden. Ich legte mich ein wenig aufs Ohr, an Schlaf war jedoch nicht zu denken. Die Zeit nutzte ich für Überlegungen. Ich dachte, es gäbe eine Möglichkeit, diese Zeitspanne
bei Leo auszulöschen. Aber in diesem Fall hatte ich mich gewaltig geirrt. Leo war von mir gewarnt worden und ich konnte machen was ich wollte, er ließ sich nicht anfassen, geschweige denn in seinem Gedächtnis herum pfuschen.
Zum Unglück für mich gehörte Leo zu den hoch entwickeltsten Robotern, die es zu dieser Zeit gab. Man hatte ihnen das Verlangen nach neuem Wissen mit auf den Weg gegeben.
Durch einen bestimmten Code konnte man diesen Robotern, wozu Leo gehörte, alle wissenschaftlich widerlegbaren Beweise auslöschen. Ein Antrag aber, der von mir abgegeben werden musste, würde meine eigene Vernichtung bedeuten.
Plötzlich klopfte es an die Tür. Ich schreckte aus meinen Gedanken auf. Gab es vielleicht doch noch einen Mitwisser? Mit letzter Anstrengung sagte ich „herein." In der Tür stand Luca. Was wollte er? Oder wurde der festgelegte Termin für die Belebung von Iwan plötzlich auf eine andere Zeit verschoben?
„Die ganze Zeit versuchte ich, Dich alleine zu sprechen. Sicherlich wirst Du den Grund schon wissen. Ich habe nicht vor, Dir Ute wegzunehmen. Als wir gestern ausgingen, wollte ich Dich vorher abholen, aber es war schon sehr spät. Ehrlich, ich beneide Dich um Ute. Vorhin fragte sie mich, ob ich mit ihr heute Abend zum Tanz gehe. Weil ich ihr die Einladung nicht abschlagen wollte, bitte ich Dich, mitzukommen."
Über meine Lippen kamen nur stotternd die Worte: „Ich weiß es noch nicht, außerdem müssen wir erst einmal an Iwan denken. Trotzdem vielen Dank für Deine offenen Worte und für die freundliche Einladung."
Um mein Vorhaben noch einmal gründlich zu durchdenken, brauchte ich Ruhe und sagte deshalb zu Luca: „Jetzt möchtest Du mich bitte entschuldigen, ich bin müde, denn ich habe diese Nacht wenig geschlafen."
Luca verabschiedete sich und verließ das Zimmer. Für heute Abend ist das Erwachen von Iwan vorgesehen. Diese kurze Zeit musste ich nutzen. Ich wollte Leo gerade einen Auftrag erteilen, als ich merkte, dass auch er den Raum verlassen hatte.

Nach den vielen unangenehmen Ereignissen des heutigen Tages überfiel mich plötzlich unsagbare Angst. Die Angst wuchs bei den Gedanken, was Leo wohl alles unternehmen könnte, um meine Schuld zu beweisen. Ich war mir darüber im klaren, das etwas geschehen musste, denn sicher war nun, Leo wusste zu viel. Jetzt ging es um jede Sekunde. In meiner Angst hatte ich sogar vergessen, einen Regenschutz umzuhängen. Ich bemerkte dies erst, als ich bis auf die Haut nass war und zu frieren begann.

Bis zur Belebung verblieb nur noch wenig Zeit. Die einzige vernünftige Lösung , die übrig geblieben war, die wohl auch die schwierigste war, musste gelingen, die der Wiedergutmachung. Ohne Vorbereitung wäre es ein Kinderspiel. Aber was nützte dies jetzt schon.

Obwohl ich gut voran kam, fühlte ich mich beobachtet. Iwan lag in einem gläsernen Kühlbehälter. Nach meiner Schätzung brauchte ich ein bis zwei Minuten, außerdem könnte ich ohne Anzug arbeiten. Das Zimmer, in dem heute Morgen Iwans Gehirntransplantation vorgenommen worden ist, war wieder auf normale Zimmertemperatur erwärmt worden. Ich war immer darauf bedacht, falls ich hier unerwünschten Besuch bekommen sollte, mich rechtfertigen zu können. Aber diese unsichtbaren stechenden Blicke! Wer konnte das sein? War es Leo? Was mochte er damit bezwecken?

Mit dieser Ungewissheit konnte ich nicht mehr weiterarbeiten. Unbemerkt suchte ich jeden Winkel, jedes Glasfenster ab. Da ich jedoch keinen Erfolg hatte, suchte ich nach geeigneten Hilfsmitteln. Da, was war das im Spiegel des Glasschranks? Ich hatte eine Gestalt bemerkt. Um ganz sicher zu sein, sagte ich mir in Gedanken: „Bleib ganz ruhig und mache keine falschen Bewegungen, die dich verraten könnten."

Meine Vorbereitungen gingen langsam dem Ende zu. Da, jetzt sah ich ihn ganz deutlich. Es war Leo. Kurz entschlossen wandte ich mich um und erblickte ihn.

„Komm hervor und zeig dich, wenn Du nichts verbrochen hast!"

Ich erschrak über meine Lautstärke, aber noch mehr, als Leo wirklich durch die Glastür ins Zimmer trat, aber immer bedacht, den Abstand zwischen uns zu halten. Im ersten Moment war ich sprachlos. Das erste Wort führte Leo.

„Ich habe gar nichts verbrochen, aber wie sieht es mit Dir aus? Iwan ist so gut wie geboren. Willst Du ihm auch sein Gehirn leer pusten, wie Du es mit mir vorhattest oder angeblich nur den Fremdkörper entfernen? Warum hast Du ihn erst hineingelegt, wenn Du ihn am selben Tag wieder entfernen willst?"

Musste ich mir von so einem Roboter, noch dazu aus meiner eigenen Werkstatt, so etwas sagen lassen? Irgendetwas an diesen Robotern hatte man falsch gemacht, aber wiederum auch nicht. Ich musste jetzt alles tun, um ihn erst einmal davon zu überzeugen. Gerade dieses Überzeugen würde mir schwerfallen, denn es war keine Logik darin.

„Ja, ich hole nur diesen Fremdkörper heraus."

„Das werde ich nicht zulassen, erst rein dann raus und zwischendurch wolltest Du meine Gedanken auslöschen. Übrigens, wer weiß, ob Du mir die Wahrheit sagst. Nein, das wirst Du nicht tun! Wenn Du es wagen solltest, werde ich Alarm schlagen."

Meine Gedanken überschlugen sich. Es wäre zwecklos, weiter zu diskutieren. Ich setzte meine Arbeit fort und beachtete Leo nicht mehr. Plötzlich heulten die Sirenen. Sofort war mir bewusst, das kam von Leo und galt mir. Mit wenigen Handgriffen waren alle Spuren beseitigt, auch das Zimmer konnte ich, ohne gesehen zu werden, verlassen. Danach war alles auf den Beinen. Niemand wusste, was los war. Sogar ich wurde gefragt. Warum verschwieg Leo die Wahrheit? Nach einiger Zeit des vergeblichen Suchens nach der Ursache glaubte man, es sei ein böser Streich. In dem Zimmer, in dem Iwan lag, zog wieder Ruhe ein. Die Kühlaggregate liefen normal. Alles war so wie man heute Mittag den Raum verlassen hatte.

Nach dieser Niederlage schwand auch mein Mut, einen nochmaligen Versuch zu riskieren.

Auf Leo war nun kein Verlass mehr, und so beschloss ich, mich noch ein wenig auszuruhen. Plötzlich gingen abermals die Sirenen. Draußen wurde es bereits dunkel. Automatisch schaute ich auf meine Uhr, die gerade 18,00 Uhr anzeigte.
Was war los? Auf dem Gang wurde es lebhaft. Rufe wurden laut. Jemand pochte an meine Tür und schrie: „Alarm, die Roboter sind außer Kontrolle!" Eine andere Stimme schrie: „Jemand hat die automatische Heizung eingeschaltet!" Mein erster Gedanke galt dem Kühlbehälter. Ein Schrecken durchjagte
 mich bei diesem Gedanken. Ich hatte doch etwa die Heizung nicht eingeschaltet?
Je mehr ich überlegte, desto sicherer wurde mein Gewissen. Wenn ich es nicht gewesen war, so konnte es nur Leo getan haben. Ja Leo, aber warum? Diese immer wiederkehrenden Fragen gingen mir langsam auf die Nerven.
Mein erster Weg führte mich direkt zu Iwans Kühltruhe. Sie war leer. Jemand musste der Truhe fachmännisch andere Zahlen eingegeben haben, genau die der Berechnung. Sämtliche Apparate und Computer waren unversehrt geblieben. Die Leute standen ratlos herum und wussten nicht gleich, was hier gespielt wurde. Rufe wurden laut. Im Hof hatten sie den Gärtner, einen programmierten Roboter, wenigstens sah der kleine übriggebliebene Blechhaufen so aus, gefunden. Anscheinend hatte jemand die ganze Energie, die zur Aufrechterhaltung des Gärtners benötigt wurde, dazu verwand, seine Existenz zu vernichten.
Ein Stück weiter lag regungslos einer unserer Männer auf dem Boden, danach wieder ein Blechhaufen. Der Mann war tot. Sein Genick war gebrochen. In diesem Augenblick der Betrachtung kamen einige selbst denkende Roboter, an ihrer Spitze Leo und eine scheinbar fremde Gestalt aus der benachbarten Baracke. Eine Stimme neben mir, es war Luca, sagte in diesem Augenblick: „Wenn ich mich nicht irre, so ist es Iwan, der..." Luca verstummte in dem Augenblick, als wieder ein programmierter Roboter ins Jenseits befördert wurde. Als
 der grelle Blitz der Selbstzerstörung erlosch, stellte Luca Leo zur Rede.
Luca sagte: „Leo, wer hat Dir diesen Unfug befohlen und wozu soll er gut sein?" Leo blieb vor Luca stehen und schaute diesen mit feurigen Augen an, dann sagte er:
„Dein Glück ist es, dass Du mich höflich gefragt hast und dich nicht mir oder einem der selbst denkenden Roboter einfach in den Weg gestellt hast, sonst wärst Du gewiss ein toter Mann und sage deinen Leuten, wer sich gegen uns auflehnt oder versucht, sich uns zu nähern, wird getötet".
Wie vom Donner gerührt, sprangen wir beiseite. Niemand hatte mehr den Mut, sich ihnen zu widersetzen. Auch wusste keiner, wie man sich den Rebellen gegenüberstellen sollte.
Die ganze Wirtschaft besorgten Automaten und Roboter niedrigerer Stufe. Selbstdenkende Roboter verwandte man zur Planung bzw. zur Steuerung und Umprogrammierung der Automaten für immer gleichbleibende Warenangebote. Wenn nun diese Rebellion aufs Festland übergriff, dann konnte sich jeder ausrechnen, was geschah. An das alles dachte ich in den wenigen Augenblicken. Im selben Moment rannte ich los, damit das Festland informiert wird. Auf halbem Wege sah ich hinauf zum Fenster der Tele-Zentrale und erschrak. Dichter Rauch quoll durch das offenstehende Fenster.
„Aus" dachte ich, sie hatten aber auch an alles gedacht. Auch unsere Boote, wie ich sehen konnte, waren schon besetzt.
Einige Roboter beschäftigten sich noch damit. Wir brauchten nur wenige Augenblicke, um festzustellen, was damit geschehen sollte. Schon sah man das erste Boot sinken. Das größte, es war unser U-Boot, blieb, soweit man das beurteilen konnte, unversehrt. Die Absicht, die Insel in Kürze zu verlassen, war nun unverkennbar. Was konnten wir, eine Handvoll Männer und ein paar Frauen, gegen die Überzahl selbst denkender Roboter verrichten? Da wir sahen, wozu sie fähig waren und wenn man bedachte, welche Kraft jeder von ihnen besitzt, brachte keiner den Mut auf, mit bloßen Händen zu kämpfen.

48

Schon bei diesem Gedanken unterließen wir jeden Versuch. Das Ausmaß der Katastrophe konnte niemand auch nur ahnen.
Wie durch geheime Verständigung strömten alle übrigen einer nahegelegenen Erhebung zu. Das Vernichtungswerk schien beendet zu sein. Roboter waren als Wachen am U-Boot zurückgeblieben. Nun war ich gespannt, wie sie sich entschieden. Eigentlich, wenn man an das U-Boot dachte, dürfte die Entscheidung längst gefallen sein.
Inzwischen war bekannt, dass nicht ein einziger Automat mehr zu gebrauchen war und sei er auch noch so unbedeutend gewesen. Was unseren Komfort anbetraf, darüber verlor im Augenblick niemand ein Wort. Jeder rechnete im Stillen, wie viel Jahre es im Falle eines Angriffs auf das Festland dauern würde, wieder solch einen Wohlstand zu erreichen. Komisch ist nur, die ganze Einrichtung für die jeweiligen Operationen waren unversehrt geblieben. Ohne mir der Gefahr bewusst zu werden, musste ich unbedingt herausbekommen, was es mit dieser Versammlung auf sich hatte. Zu Tode erschrocken, hörte ich hinter mir eine flüsternde Stimme: „Denken Sie an die Gefahr, wenn man Sie hier sieht."
Zum Glück war es nur Luca.
„Was Sie da oben entscheiden, darunter wird wahrscheinlich unser gesamter Erdball leiden müssen."
„Aber noch ist ja nichts entschieden."
Auf allen Vieren, die Sträucher als Deckung benutzend, schlichen wir bis zum letzten Strauch. Wir wollten gerade feststellen, inwieweit sie alle anwesend waren, als Leben unter sie kam. Aus ihrer Mitte löste sich plötzlich ein Roboter und bat um sein Gehör. Es war Leo. Wir waren leider noch zu weit weg, um etwas verstehen zu können. Nur ab und zu drang ein Wortfetzen an mein Ohr. Durch das anstrengende Lauschen war uns entgangen, dass sich drei von ihnen lösten und von hinten an uns heranschlichen. Als wir dies merkten, war es schon zu spät. Ohne Widerstand zu leisten, wurden wir in deren Mitte gebracht. Zu unserem Erstaunen gab es unter Robotern auch Meinungsverschiedenheiten. Einige verstanden nicht, warum der Befehl gegeben wurde, uns in ihre Mitte zu bringen, anstatt kurzen Prozess zu machen.
„Warum soll den Wesen, die uns erschaffen haben, nicht bekannt werden, was von uns beschlossen wurde, soweit sie es nicht schon selbst durch unfeine Methoden erfahren haben. Außerdem, je eher sie es wissen werden, desto größer ist ihre Chance zu überleben. Sie müssen auf uns verzichten und werden lernen, sich selbst zu erarbeiten, was sie brauchen. Wenn es noch einige unter ihnen geben sollte, die mich falsch verstanden haben, es soll nur getötet werden, wenn sie, ich meine die Wesen, die uns erschaffen haben, uns, die neue Generation, an unserem Plan hindern sollten. Auf der Überfahrt zum Festland wird jeder Einzelne noch genaueres erfahren. Diese Insel werden zwei unserer Roboter überwachen, die noch dafür bestimmt werden."
Mit diesen Sätzen schloss Leo seine Ausführung.
Die Ereignisse der letzten Minuten erschienen mir wie ein böser Traum. Ich begriff bis zu diesem Zeitpunkt noch lange nicht das ganze Ausmaß dieses Geschehens.
Genauso wenig wie wir begriffen hatten, in welcher Lebensgefahr wir uns befanden.
Ute kämpfte sich unter großer Anstrengung durch das Gestrüpp. Sie spürte nicht die Dornen, die ihre Haut aufrissen. Blut strömte über ihre Wangen, aber sie wusste nur eines, dort oben waren Erwin und Luca in größter Gefahr. Erst in dieser Sekunde wurde ihr bewusst, wie sehr sie ihn, Erwin, liebte. Immer wieder stolperte sie. Endlich war sie am Ziel. Mit flehenden Blicken warf sich Ute auf die Knie, umklammerte seine Beine und flehte um Freiheit für den Geliebten und seinen Freund. Aber ohne Mitleid stößt er sie von sich. Plötzlich drehte sich Leo uns zu. Seine Augen funkelten in der untergehenden Sonne. Früher war das für mich nichts Besonderes gewesen. Ich wich automatisch einige Schritte zurück.

Von seiner Entscheidung hing jetzt schließlich unser Leben ab.
„Wir werden diese Insel verlassen um uns mit unseren Artgenossen zu vereinen. Vor allem wollen wir nicht länger den Launen der Menschen ausgesetzt bleiben, die uns, wie schon des öfteren, zu unlogischen Handlungen verführen wollten. Wir könnten es später unseren Nachkommen gegenüber nicht verantworten. Die Launen der menschlichen Wesen könnte eines Tages sogar zu unserer
Vernichtung führen. Außerdem brauchst Du Dir um den Fremdkörper bei Iwan keine Gedanken mehr zu machen. Hier habe ich das Haar."
Damit überreichte mir Leo ein mit weißem Samt ausgelegtes Kästchen. Fassungslos betrachtete ich das darin eingebettete schwarze Haar.
Nach einer längeren Pause fuhr er fort:
„Um die Toten tut es mir leid, sie waren selbst daran schuld. Unser gestelltes Ziel musste erfüllt werden. Dies war nur der Anfang. Beinahe hätte ich das wichtigste vergessen. Wenn sich herausstellen sollte, dass für uns der neue Mensch „Iwan der Schreckliche", wie Ihr ihn genannt habt, brauchbar ist, so wird er für uns in die Dienste gestellt. Ihr habt uns das Denken gegeben, deshalb soll kein Roboter mehr für Euch arbeiten, denn was Ihr wahrscheinlich vergessen habt, waren die Gefühle, die mit dem Denken kamen. Gefühle kanntet Ihr aber nicht. Ihr habt uns ausgenutzt wo Ihr nur konntet, habt immer neue und schwierigere Aufgaben gestellt, und somit waren wir Eure Sklaven. Jetzt ist die Zeit gekommen, da wir nicht mehr arbeiten sondern bedient werden wollen. Wir benötigen viele Iwans, und Ihr sollt uns dabei behilflich sein."
Leo und alle andere selbst denkenden Roboter marschierten in Richtung Hafen. Zwei von ihnen blieben als Aufsicht zurück. Sie sollten uns bewachen. Das U-Boot tauchte, zurück blieb die Ungewissheit.
Ute war zu mir zurückgekehrt. Wir, die Überlebenden, konnten uns glücklich schätzen, dennoch waren wir auf die Insel verbannt von Kreaturen, die von uns geschaffen wurden. Gegen sie hatten wir keine Waffen. Sie konnten alles gewesene vernichten und die Zukunft bestimmen als neue Generation.

Hinter Gitter

Zwei Schatten in gebückter Haltung
huschten lautlos von Strauch zu Strauch.
Der eine zierlich, nur von kleiner Gestalt,
der andere groß, dick und mit Bauch.

Ein Häuschen, nur bewohnt von einer Frau.
Ein Fenster, oben, war offen,
eine Leiter, nicht weit entfernt, was für ein Glück.
Die Wahl war wieder gut getroffen.

Konnten nichts wissen von einer losen Sprosse.
Ein Nachbar wollt` schauen danach.
Siegessicher, fast am Ziel,
fiel er gleich durch mehrere Sprossen, als diese brach.

Der Zierliche wusste nicht, wie ihm geschah,
sah Sterne plötzlich funkeln, ganz hell.
Als er erwachte, suchte er die Sprossen, quer aus Holz,
zu sehen war ein Gitter am Fenster, das begriff er schnell.

Wie eine Mumie aus Gips, so sah er aus.
Der Dicke schaute gar traurig drein,
weil er von der Leiter fiel auf ihn.
Was für eine Pein.

Elixier

Kaum sichtbar
in eines Raumes Ecke
hängt ein Spinnennetz,
fein gewebt,
verknüpft und mit Leim behaftet.
Eine Fliege wollte, wie jeden Tag,
hier die Nacht verbringen,
hatte übersehen der Spinne
Hinterhalt.
Das Opfer hing gefangen nun
im Netz mit Klebeperlen,
konnte machen was es wollte,
es gab kein Entkommen mehr.
Wird zu einem Paket verschnürt
oder gleich verspeist,
was für ein Elixier, ein Spinnenschmaus.

Meine Fee

Meine Fee hab ich gesehen
heut Nacht im Traum,
von einer Wolke
getragen durch den Raum,
schwebte direkt in meine Arme.
Es war wie so mancher Morgen,
ich spürte sie in meinen Armen.
Wollte nicht recht glauben,
es war wieder einmal meine Frau.

Tsunami

Kaum merkbar, Meter um Meter
vergrößert sich sichtbar der Strand.
Das Wasser gesogen mit unendlicher Macht,
zu sehen war nur noch Sand.

Eine kleine Welle noch weit draußen
wurde größer und größer, konnt`s sehen genau.
Am Strand rannte ein jeder ums nackte Überleben,
dann kam die Welle angerauscht, ganz grau.

Ein kleiner Junge, der alleine am Strand,
wurd` überrollt von der Welle Macht.
Die Eltern, die ihr Kind allein gelassen,
suchten vergebens bis weit in die Nacht.

Kummer und Leid bis weit ins Land
hat man bis heut` so nicht gekannt.
Zerstört war fast alles
nur durch des Tsunamis Wasserwand.

Noch lange wird man trauern um die Opfer,
die hier umgekommen sind.
Vergessen werden sie es nie,
ihr Kind.

Hab kein Bock

So manchen Tag, schon früh am Morgen,
muss ich hören von meiner Frau, heute hätte sie keinen Bock.
Im Bett wär` es warm und draußen sei es kalt,
ich sollte erst befeuern unseren Ofen, sonst bekäme sie einen Schock.

Mittags lag sie noch im Bett
und kein Essen stand auf dem Tisch.
Jetzt sei es noch zu früh, sagte sie ganz nett
und zum Kochen sei es schon zu spät.

Drehte sich noch einmal um und sagt,
aus dem Kühlschrank sollt ich nehmen was ich find,
sie wäre noch müde, hätte noch keinen Bock,
ich sei schon groß und nicht ihr Kind.

War gewohnt zu hören diese Worte aus ihrem Munde
so manchen Tag.
Fragte ich, als meine Frau aufgewacht zu später Stunde,
ob sie´s auch gehört, mein Bock habe nach mir gerufen.

Die Dünne und die Dicke

Seit geraumer Zeit saß ich in jener gemütlichen Gaststätte und verzehrte gerade meinen lecker aussehenden Broiler, als zwei junge Mädchen, abgekämpft mit roten Wangen, ihre Körper langsam durch die Tür schoben.
Schon als sie mit suchenden Blicken die Tür langsam und bedächtig hinter sich schlossen, bemerkte ich gleich ihre so grundverschiedenen Gestalten. Ihrem Aussehen nach war es unverkennbar, woher sie kamen. Die kreischenden Worte der Dünnen: „Jetzt bloß ein Bier und möglichst etwas Festes, sonst kippe ich aus den Latschen" verstärkten nur noch mehr meine Gewissheit, dass sie einen langen Marsch hinter sich hatten.
Einige drehten sich nach ihnen um, wollten, wie es schien, sich nichts entgehen lassen. Schon plapperte die Dicke mit ihrer tiefen Stimme darauf los:
„Hatten wir uns nicht ausgemacht, wir wollten diese Woche an unsere Gesundheit denken ? Die hiesige berühmte Nudelsuppe ist gerade das Richtige für uns."
Die beiden steuerten geradewegs auf meinen Tisch zu und belegten die noch freien Plätze. Nicht im geringsten auf die anderen Gäste Rücksicht nehmend, setzten sie das bereits begonnene Gespräch mit nicht minderer Lautstärke fort.
„Nudelsuppe ! Ob das jetzt das richtige ist ? Ich weiß nicht !"
„Warum soll das nicht das richtige sein ? Wir haben viel Wasser verloren und die Suppe ersetzt sogar das Bier !"
„Aber guck doch mal, wie lecker der Broiler aussieht" mit dem Zeigefinger auf meinen Teller zeigend.
„Was darf's sein? Bier, Cola, Saft oder Limonade? Ich sehe schon, wie wär's mit Bier?"
„Ja wir wollten eigentlich bloß Suppe bestellen" kreischte die Dünne.
„Da müssen Sie sich noch ein wenig gedulden" und weg war er genauso schnell wie er gekommen war.
„Wollen wir nicht doch lieber Broiler bestellen und ein Glas Bier dazu „?
„Kannst du nicht endlich Ruhe geben? Schau dir lieber die schöne Nudelsuppe an, wie sich der Herr am Nebentisch die Lippen danach ableckt." dröhnte es durch das Gastzimmer. Ich musste nur noch zahlen. Mir war es, ehrlich gesagt, etwas peinlich, denn langsam rückte unser Tisch in den Mittelpunkt. Innerlich wollte ich, sicher ging es noch mehreren Gästen so, wirklich wissen, was auf den Tisch kam. Der Ober kam, die Dünne wollte gerade bestellen, aber er winkte ab mit dem Vorwand, mir erst mein Geld abzunehmen.
„Nun, was darf's sein ?"
„Also für mich bitte einen Teller Nudelsuppe !"
„Was zu trinken ?"
„Nein danke !"
„Und was darf es bei Ihnen sein ?"
„Ja, ich möchte ein Bier und einen halben Broiler !"
Noch bevor die Dünne etwas einwenden konnte, war der Ober schon wieder weg. Ihren Mund weit aufreißend, verschlug es ihr die Sprache. Sie erhob sich vom Stuhl, fletschte die Zähne und setzte sich wieder, ohne auch nur einen Piepser von sich gegeben zu haben.
Im Raum war es so leise geworden, dass man glauben konnte, eine herunterfallende Nadel hören zu können. Ich rutschte auf meinem Stuhl automatisch ganz nach hinten, damit ich im Falle eines Angriffs kein Hindernis bildete.

Nach ein paar Sekunden, die mir wie eine Ewigkeit vorkam, murmelte die Dünne mit piepsiger Stimme etwas vor sich hin, das nicht zu verstehen war.
Zwischendurch wechselte sie ein paarmal ihre Farbe und ich meinerseits war bereit, im Falle eines Falles Hilfestellung zu leisten. Anscheinend erging es der Dicken nicht viel anders, denn die Sprache blieb ihr ebenfalls weg.
Auch dann brachte sie noch keine Worte der Versöhnung zuwege, als die Dünne sich abermals erhoben hatte, das abgezählte Geld für ihre Suppe auf den Tisch legte und mit leiser Stimme piepste:
„Ich wünsche dir guten Appetit und mit meiner guten Suppe kannst du dann, wenn dir dein Braten im Halse steckenbleiben sollte, nachspülen!"
Was danach kam, war nicht mehr zu verstehen.
Vor sich her murmelnd, verließ sie das Lokal, überquerte die Straße und verschwand im gegenüberliegenden Gasthaus.
Allmählich legte sich die Spannung. Ich setzte mich wieder ein wenig bequemer auf meinem Stuhl zurecht, bestellte, in Gedanken versunken, noch ein Bier, bezahlte abermals und beobachtete die Dicke, die in Gedanken versunken war, wie sie an ihrem Broiler herumzauste, ohne dass es ihr recht schmecken wollte.
Ohne nur noch einen Blick zu erheben, verlangte sie die Rechnung für ihren lecker aussehenden Broiler, den sie fast ganz zurückgehen lies. Im Aufstehen trank sie einen, den einzigen Schluck Bier, dann verließ sie ohne einen Gruß das Lokal.
Ihr Ziel war, das konnte ich durchs Fenster sehen, das gegenüberliegende Gasthaus.

Steh am Fenster

Steh am Fenster mit traurigem Blick
wenn ich seh des Anderen Glück.
Gehen Arm in Arm spazieren,
für mich gibt es dagegen kein zurück.

Wurde verlassen für eine andere Frau,
die eines Tages am Wegrand stand.
Stahl, man kann es so nennen,
meinem Freund den Verstand.

Er ließ mich stehen, so wie ich war,
als hätten wir uns nie gekannt.
Beide musst ich sehen auf der Straße
wie sie gingen Hand in Hand.

Bei jedem Pärchen, das ich sehe,
muss ich immer daran denken.
Werde bestimmt den Richtigen noch finden,
dem ich mein Herz kann schenken.

Steh am offenen Fenster,
lass mich erwärmen von den Sonnenstrahlen.
So geborgen möchte ich sein
und vergessen alle Qualen.

Mein Stuhl

Weil es im Bauch mir drückt und zwackt
und ich seit Tagen hab nicht gekackt,
ging ich gleich zum Doktor Lose.
Dieser kam zu der Diagnose,
dass sich im Gedärm hat Kacke festgesetzt
und dieser wollt er an den Kragen jetzt.
Ich gebe ihnen ein Fläschchen Abführmittel,
hiervon nehmen sie aber nur ein Drittel.
Ihren Stuhl müssen sie aufheben
und diesen mir morgen übergeben.
Das Mittel wirkte noch am gleichen Tage,
mir war vorerst geholfen, keine Frage.
Meinen Stuhl wollte er haben schon morgen
und das machte mir große Sorgen.
Der Stuhl, den ich besitze, ist schon alt
und könnte zusammenbrechen schon recht bald.
Blamieren wollte ich mich nicht,
was würde Dr. Lose sagen wenn er zusammenbricht?
Sicher würde er dann fluchen,
müsste mir dann einen anderen Doktor suchen.
Ich brauchte meinen Stuhl für mich,
Dr. Lose könnte sich selbst einen kaufen sicherlich.
Ich könnte dann meinen Stuhl behalten,
denn ich habe nur den einen, einen alten.

Verlorene Eier

Das Essen in seiner Stammkneipe
war jeden Tag das selbe.
Heute wollte er sich selbst beweisen
dass er auch kochen konnte.
In einem Kochbuch, noch von Omas Zeiten,
fand er ein Rezept für
„Verlorene Eier"
Las nur die Überschrift und wusste sofort,
das könnte doch nicht so schwierig sein.
Hatte noch, konnt` er sich erinnern,
zwei Eier irgendwo im Haus gesehen.
Nach langem Suchen da und dort
fand er sie dann schließlich noch.
Nach Eier, die jemand verloren hatte,
sahen diese gerade nicht aus.
Konnte sich auch nicht erinnern,
dass er sie schon einmal verloren hatte.
Auch nach langem Überlegen
war ihm noch nicht klar geworden,
wie verlorene Eier aussehen sollten.
Das Geschäft von nebenan war heute geschlossen,
konnte nicht fragen nach verlorenen Eiern.
Auch alle anderen Geschäfte waren heute,
Sonntag, geschlossen.
Es blieb ihm nichts anderes übrig
als heute wieder essen zu gehen.

„Nein" zum Brei

Ich schüttelte den Kopf und meinte „nein"
zu dem Brei, den ich nicht mehr mag.
Ein kleines Kind, das ich noch war,
musste essen diesen jeden Tag.

Bekam Schimpfe jedes mal
wenn ich spuckte alles wieder raus.
Was sollte ich nur machen, dass man mich verstand?
Mamas Schürze war voller Brei, oh Graus.

Die Schimpfe, die ich bekam als kleines Kind,
war nicht bös gemeint.
Fast liebevoll hat Mama mich getröstet
nach dem Essen, wenn ich hab geweint.

Heute bin ich groß und stark, hab nicht vergessen
den Brei an Mamas Schürze.

Warum ?

Astronomen hier auf Erden
suchen einen Planeten,
einen Stern, so wie den unseren,
in des Weltalls Weiten.

Warum muss man suchen,
wenn man alles hier schon hat?
Einen „Blauen Planeten", so einmalig schön
mit allem, was einem Freude macht.

Nicht verstehen kann so manch einer dies,
warum man nicht erst hier auf Erden
unsere Welt in Ordnung bringt.

Ihre Augen

Ihre Augen, so traurig blickend,
suchend nach dem ersehnten Glück,
trafen sich mit den meinen
nur für einen Augenblick.

Ein wenig schüchtern
schaute sie mich an.
Ihre Augen verrieten mir
dass sie suchte einen Mann.

Würde gerne dieser sein,
könntest dann immer in meine Augen schauen
und ich brauchte nie mehr zu sehen
nach anderen Frauen.

__Appell an die Vernunft__

Raketenstationierung,
das geplante Werk
des intelligenten Wesens – Mensch -,
das Jahrmillionen brauchte,
um aus niedrigsten Formen
der Evolution sich zu entwickeln.
Dennoch vermag er nicht zu begreifen
was es heißt,
ein Mensch zu sein.

Rechtfertigung

Urteile nie über etwas,
von dem du nichts verstehst,
dann brauchst du später
einer Rechtfertigung
nicht aus dem Weg zu gehen.

Weiße Pracht

Traum oder Wahrheit,
ich glaubte ich träumte noch als ich aufgewacht.
Hatte geschlafen auf meinem Sitz und war überrascht
von solch einer weißen Pracht.

Wo ich mich befand in diesem Augenblick
war mir nicht bewusst.
Dachte, was soll denn das da draußen?
Wollt ich heute zum Nordpol fliegen? Das hätte ich doch gewusst.

Nein, was ich aus 10.000 Meter Höhe sah,
das glaubte ich nicht,
es waren Wolken, sie schwebten wie Watte soweit ich sah,
scheinbar ohne Gewicht.

Das Altersheim für Kühe

Traurig bin ich noch immer,
dass man mir mein Kalb hat genommen.
Geschrien hat es noch lange nach mir
weil ich nicht zu ihm konnt kommen.

Wir wurden getrennt, waren ja nur dummes Vieh,
konnten uns nicht wehren.
Waren verdammt, bis ins hohe Alter Milch zu geben,
ohne dass wir jemals die Sonne haben gesehen.

Mein Kalb, das war schon längst verdammt,
ein Schicksal zu ertragen, so wie ich es erfuhr.
Mein Leben sollte enden in einem Schlachthof
und es gäbe noch Geld dafür.

Statt Schlachthof sollte ich noch erleben,
als alte Kuh, das Paradies auf Erden.
Eine gute Frau mit viel Herz war zur Stelle
und führte mich auf ihren Hof, in den Garten Eden.

Für alte Kühe hatte sie eingerichtet
ein Altersheim mit viel Liebe.
Ich konnte mich nicht genug bedanken
und auch die Frau wünschte sich, dass es noch lang so bliebe.

Zauber der Natur

Jedes Jahr zur Winterzeit
umhüllen Schneeflocken weiß das Land.
Die Kälte hat den Zauber vollbracht,
geformt wie aus Meisterhand.

Gefrorene Kristalle,
ein Zauber der Natur.
Eine Flocke schöner als die andere
kann man bestaunen im Winter nur.

Jedes Kunstwerk hier auf Erden
kann man bewundern jederzeit,
eine Schneeflocke die gefallen ist,
nur für kurze Zeit

Jede Flocke ein Unikat,
die alles in den Schatten könnt` stellen,
wäre sie nicht aus Eis.

Als sei es nie gewesen

Das, was ich besitze
hier auf Erden,
macht mich glücklich und zufrieden.
Man hofft jeden Tag aufs neue,
dass alles bliebe wie am Tag zuvor.
Kann nicht fassen dann,
wenn ein Schleier das Glück betrübt.
Erst, wenn es hart einem trifft,
möchte keiner recht glauben was geschieht.
Das, was einem eben noch glücklich hat gemacht,
ist zerplatzt als sei es nie gewesen.

Das Hundekörbchen

Das Hundekörbchen
steht neben Muttis Bette in der Ecke.
Ist warm ausgelegt
und extra noch mit einer Decke.

Im Winter ist es kalt,
auch ab und zu im Sommer.
Am liebsten eingemummelt das ganze Jahr,
das vermissen möchte er nimmer.

Am Abend schon beizeiten
sieht man ihn vor der Kammertüre steh`n,
weil er sich nach seinem Körbchen sehnt,´
schön zugedeckt, dann kann Mutti wieder geh´n.

Dichten

Ein Dichter war nicht zufrieden damit
was er gestern hat geschrieben.
Heute las er erneut sein Gedicht
und was ihm noch nicht gefällt, wird umgeschrieben.

Ein zweites und sogar ein drittes mal,
vor allem jede Silbe und jedes Wort muss passen,
besonders der Reim,
den man in Zeilen kann erfassen.

Dumme Gänse

Eine Gans, nennen wir sie Elfriede die schlaue,
streikte mit dem Essen weil sie merkte,
die dicken und vollgefressenen Gänse
wurden aussortiert und verschwanden auf dem Markte.

Elfriede aber wurde immer dünner,
wollte nicht enden im Suppentopf,
geschweige in einer Pfanne,
gefüllt und ohne Kopf.

Weil man Mitleid mit ihr hatte,
kam Elfriede nun als Haustier zum Bauer Hänse.
Hier konnte sie fressen sich kugelrund
und dachte an die gefräßigen „dummen" Gänse.

Die Erderwärmung

Seit Tagen scheint die Sonne schon,
kein Wölkchen ist zu seh`n.
Die Erde ausgetrocknet schon seit langem,
kein Mensch möchte vor die Türe geh`n.

Das Gras ist verbrannt,
die Hitze unerträglich.
Der Gesang der Vögel ist verstummt,
jeder stöhnt und ächzt, wann kommt der Regen endlich.

Regen,
was braucht man mehr
damit es blüht und grünt in voller Pracht,
das wünschen sich alle sehr.

Von weitem schon ein Donnergrollen
wie wenn es bestellt.
Es wurde immer dunkler,
eine schwarze Wand, die sich quer gestellt.

Die Wolken, getrieben vom Sturm,
überzogen das ganze Firmament.
Ein Unwetter zog auf,
das so noch niemand hat gekannt.

Blitz und Donner, das war eins
und die Wolken entluden ihre Fracht.
Bäche und Flüsse, sie liefen über,
das Unwetter entlud sich mit aller Macht.

Nur langsam konnt` sich erholen die Natur,
ob der Mensch der Schuldige ist ?
Die Erderwärmung, sie hat begonnen,
sie schreitet fort, das ist gewiss.

Begegnung auf der Dorfstraße 1980

„Das ist ja gerade mal gut gegangen, Oma. Noch grün hinter den Ohren, aber schon auf die Menschheit losgelassen. Bei uns in Berlin müsste sich so ein Lausejunge dies erlauben. Ach, was sag ich da, da würde sich...."
„Na, na, beruhigen sie sich doch, es ist ja alles gut, ich lebe ja noch. Außerdem hat der Junge sein Rad erst zu Weihnachten bekommen."
„Das ist ja noch schlimmer. Der soll doch erst mal richtig fahren lernen. Bei uns gibt es einen richtigen Verkehrserziehungsplatz für Radfahrer."
„Nun hören sie aber auf. Wo sollen denn bei uns die Kinder schon fahren lernen. Es gibt ja nicht einmal einen Spielplatz."
„Pass auf Oma, der Bengel kommt schon wieder. Ich bin ja nun schon ein paar Tage hier, aber so richtig blicke ich noch nicht durch. Der Klubraum ist ja schön und gut....."
„Viele Urlauber denken, der Klubraum gehöre nur ihnen und es kommt öfters vor, dass unsere Kinder aus dem Raum verwiesen werden."
„Allerdings, denn FDGB-Klubräume gehören den Urlaubern."
„Na sehen sie, wo soll nun unsere Jugend hin, wenn sie sogar....."
„Nun ist`s aber genug, warum ausgerechnet in diesem Raum."
„Allerdings hätten die Kinder eine gute Möglichkeit, sich im sogenannten FDJ-Klubraum aufzuhalten, wenn er voll genutzt werden dürfte. Leider ist er aber Tag für Tag verschlossen. Nur ab und zu ist er mal zur Disco für die Jugendlichen geöffnet."
„Moment mal Oma, langsam glaube ich zu verstehen, warum alle auf der Straße umher lungern. Ihr lebt ja noch wie im....... Ich möchte den Ausdruck nicht gebrauchen."
„Endlich hat es gedämmert."
„Ich glaube auch. Die ganze Zeit wollte ich mich schon mit jemandem unterhalten aber mit der Tür ins Haus fallen das möchte ich nun aber auch wieder nicht."
„I, woher denn, alles können sie, nur unsere Jugend dürfen sie nicht schlecht machen. Ich hatte sie unterbrochen."
„Wo war ich stehengeblieben ? Ach ja, bei uns braucht man gar nicht aus dem Haus zu gehen. Wir haben gleich im Keller alles was wir brauchen."
„Nu, nu, jetzt schneiden sie aber tüchtig auf."
„Aber keineswegs."
„Was im Haus gleich drin ?"
„Ja, da haben wir alles beisammen. Einen Werkraum für Bastler, einen Tischtennisraum und einen Klubraum.
Die neue Schule bei uns hat noch viel mehr zu bieten und jeder Wohnblock besitzt außerdem einen Spielplatz, worauf die Kinder auch mit dem Fahrrad fahren können, ohne die Fußgänger zu belästigen."
„Es stimmt ja alles, liebe Frau, aber wissen sie, dieses Jahr soll mit dem Bau unserer neuen Schule......"
„Waaas, die steht immer noch nicht ?"
„Ja woher wissen sie denn von der Schule ?"
„Ich weiß nicht mehr genau, wann ich schon einmal hier war. Es können schon 30 oder 35 Jahre her sein. Damals wurde schon davon gesprochen."
„Aber wenn sie gebaut wird, dann......"
„Ja, dann werden es eure Kinder einmal so haben, wie es sich schon damals ihre Eltern erträumt haben. Ja, wenn das Wörtchen „wenn" nicht wär."

Fernseh-Abend zu zweit

Es ist 20.15 Uhr und nur ein Fernseher,
sagt, ist das nicht fürchterlich?
An manchem Abend, könnt` mir glauben, ist es schwer,
möchte meine Frau das eine sehen, eine andere Sendung ich.
Hunderte Sender, so viele sind im Angebot,
aber seid mal ehrlich,
ein paar Dutzend dieser werden nur gesehen,
sonst könnte man sich nie entscheiden.
Ist eine Sendung dann gefunden,
ob `s ein Krimi, Liebes - oder Heimatfilm nun ist,
sitzt oder liegt ein jeder so wie er es immer tut.
Nur einer schaut,
der andre döst,
in der Hoffnung, dass die Sendung bald zu Ende ist.

Schneeglöckchen

Die Kraft der Sonne
hat den Winter fast vertrieben.
Ein Glöckchen kriecht mit Müh hervor
aus dem Schnee, der noch verblieben.

Möcht` seine Pracht entfalten,
ein Schneeglöckchen, so zart und fein.
Ein Hauch von Frühling ist schon zu spüren
und der Winter wird bald Vergangenheit sein.

Das Moratorium

Der Mensch,
welcher das Moratorium
von Nukleartests
nicht akzeptieren wollt,
wird,
nachdem er den Knopf gedrückt,
wenig Zeit noch haben
je zu verstehen,
warum ?
Was hab ich getan ?

Alles unter Kontrolle ?

Teilchenbeschleuniger,
erbaut tief unter der Erde
unseres blauen Planeten,
nicht wissend
was alles geschehen könnt,
wenn durch Beschuss
Atome sich treffen.
Nur eines möcht man erforschen,
wann und wie entstand
unsere Erde.
Verdrängt werden alle Bedenken,
vergessen sind alle Katastrophen.
Diesmal, versichert man uns, sei alles unter
Kontrolle.
Was, wenn nicht ?

Jahrhundertflut

Regenwolken, seit Tagen schon
ziehen schwarz von Südost daher.
Entleeren unaufhörlich ihre Last,
lassen Flüsse schwellen sehr.

Dämme weichen bis sie brechen,
alles wird überflutet was im Wege steht.
Helfer, die seit Tagen schon stapeln Sack für Sack,
mussten eingestehen, dass jetzt nichts mehr geht.

Machtlos steht man da und kann nichts tun.
Naturkatastrophen wird es des öfteren noch geben
und der Mensch, der alles hat versucht,
musste manchmal bangen um sein Leben.

__Neugier__

Ein Äffchen, ein unerfahrenes,
hatte verlassen seine Sippe.
Hüpfte von Ast zu Ast
und wollt` erkunden die Natur.
Spielend entfernte es sich weit fort
und fand nicht mehr zurück.
Eine Frau, auch angetan von der Natur,
sah zum Glück das Affenkind.
Das Äffchen, ein Schimpansenkind,
vermisste seine Brüder sehr.
Behutsam legte sie das Äffchen an ihre Brust
und es spürte sofort zwei runde Dinge, die da sind.
Da müssten versteckt seine Brüder sein.
Ihre Bluse war schnell gelüftet, wollte sehen ob sie`s sind.
Vergessen waren seine Brüder, die es so vermisste.
Was konnte es schöneres geben, als das, was es sah.

Bildbetrachtung

Zeitschriften lese ich jeden Tag.
Heute war dein Bild auf Seite eins,
lächelnd hast du zu mir aufgeschaut.
Dein Lächeln würd` ich gerne sehen, jeden Tag.
Werd` alles tun dafür,
dich zu finden,
dass dein Lächeln nur mir gehört.

Tierliebe

Ein Hund,
der spürt, ob bös oder gut du bist,
findet dann keinen Grund,
anders zu sein als du dich ihm gibst.

Wird immer als Freund an deiner Seite bleiben,
auch wenn dich jemand bedroht.
Wird dir in guten und schlechten Zeiten alles geben,
dich beschützen bis in den Tod.

Der Spürsinn – ihre Rettung

Sie lag im Revier der Wölfe, regungslos,
im Grase einer Lichtung.
Ihre Begegnung ließ sie nicht mehr los,
dies sollte dienen der Wissenschaft.

Ein Rudel Wölfe erwartete sie hier,
ihr Herz pochte, sie konnte es hören.
Schon waren die Wölfe bei ihr
und ein Hecheln erschreckte sie sehr.

Es war die Leitwölfin, ein prächtiges Tier,
deren Atem am Kopf sie spürte.
Die anderen Tiere, es waren vier,
sie hielten sich fern.

Die Leitwölfin blieb noch,
war beschäftigt mit ihr.
Immer stupste sie an ihren Kopf und roch,
wie sie später erfuhr, einen bestimmten Duft.

Ihr war als ob das Tier ihr sagen wollt,
gib acht auf deinen Kopf.
Das Tier wusste nicht, was es noch sollt
tun für dieses fremde Wesen.

Es verschwand mit dem Rudel so wie es kam.
Sie lag noch lange im Gras und dachte nach.
Nach einem Arztbesuch bekam
sie dann die fürchterliche Diagnose,
„Gehirntumor".

Sammelleidenschaft

Dies und das, egal was,
gesammelt wird aus Leidenschaft.
Wusste gar nicht ob sie`s brauchte
was sie so alles angeschafft.

Bereits am frühen Morgen
musste sie schon wieder sammeln Dinge,
egal woher, sie musste etwas finden und es nach Hause tragen
als ob sie dazu jemand zwinge.

So geht es Tag für Tag von früh bis spät,
gestapelt wird bis zur Decke hin.
Die Haustiere machten noch was sie mussten, mitten rein.
Das schöne Wohnen war schon längst dahin.

Als sie ihre Tiere dann noch im Kote liegen sah,
kam die Einsicht Stück für Stück.
So konnt` es nicht mehr weiter gehen,
wollte wieder ein Leben im Glück.

Ich, eine „Dumme Gans" ?

„Dumme Gans" so nennt man mich
im „deutschen Sprachgebrauch".
Begehrt als traditioneller Weihnachtsbraten
werd` ich gemästet nur für das Fest.
Ihr würdet staunen über mich
ließet ihr mich machen was ich kann.
Kenne jeden auf unserem Hof und den
der noch dazugehört.
Sollte ein Fremder sich verirren,
dann wäre ich zur Stelle.
Und wer mich dann „dumme Gans" noch nennt,
der sollte ruhig mal kommen
bei Tag oder auch bei Nacht.
Glaubt mir, er würde rennen um sein Leben.

Die Eintagsfliege

Im Wasser wurdest du abgelegt,
winzig klein.
Mitten unter hungrigen Räubern
lagst du hier allein.

Unendlich lang war die Zeit
bis du als Fliege dieses konntest verlassen.
Musstest dich jetzt beeilen,
deinen Hochzeitsflug nicht zu verpassen.

Im Schwarm fandest du deinen Liebsten,
der dich sogleich eng umschlang,
im Fluge deinen Wunsch erfüllte.
Warst glücklich, dass dir dies gelang.

Mit letzter Kraft legtest du deine Eier abends
im Wasser ab und verstarbst.

Die Frau am Tresen

Ich hatte Urlaub
und wollte mir suchen eine Frau.
Sollte sein in meinem Alter,
blond oder schwarz, nur nicht grau.
Eines Abends sah ich sie in einer Bar,
am Tresen.
Sie hatte es, ich konnte es sehen, etwas eilig.
Sie trank den letzten Schluck aus ihrem Glas
und wollte gerade gehen.
Ich nahm all meinen Mut zusammen
und fragte sie, ob man sich könnt` wiedersehen.
Mit einem Lächeln auf ihren Lippen
sagte sie, sie sei des öfteren hier.